THE BLUE DAY BOOK

내가 펭귄에게 두 번씩이나 물렸을 때조차,
나를 세상 밖으로 데리고 나가기를 포기하지 않았던
존경하는 부모님 패리와 트레버 그리브, 두 분에게

우울한 날에도 삶은 계속되지요

이 책은 놀랍도록 호소력 있는 동물 사진들이 우울한 마음을 달래 주고 기분을 고양시켜 주는 책이다. 가슴에는 용기를, 입가에는 미소를 간직케 한다. 미국과 일본에서 엄청난 공감과 유머를 불러일으켜서 수주간 베스트셀러 1위를 기록하며 사람들의 사랑을 받고 있다.

이 책에 담긴 매력적인 동물 사진들은 신기할 만큼 인간적이며, 과장이나 허식이 전혀 없다. 쉬운 글과 깔끔하고 아름다운 이미지를 통해 독자는 우울한 날의 감정 변화, 그 모든 과정을 공감할 것이다. 우울한 날의 기분과 무엇 때문에 우울함을 느끼며 어떻게 우울함을 극복하는지에 대하여.

우울함은 모든 인간이 본질적으로 가지고 있는 감정이다. 특히 요즘처럼 경제 불황 속에서의 우리의 삶이란 메마르고 삭막해지기 십상이어서 우울함이 그림자처럼 따라다닐 수 있다.

이에 대한 해결책은 모든 일을 균형 잡힌 시각으로 보는 것이다. 자신이 느끼는 실패감이나 상실감이 혼자만의 감정이 아니라는 것, 인간 존재의 연약함을 인정하는 것, 자신이 지닌 풍부한 잠재력을 기뻐하는 것 같은 사실을 이 예쁜 책을 통해 절감하리라. 또한 우울할 때 이 책을 만난 이는 따뜻한 위로와 격려의 선물을 받을 것이다. 고마운 지인들과 이 책의 즐거움을 함께 나누고 싶다.

신현림

THE BLUE DAY BOOK
누구에게나 우울한 날은 있다

누구에게나 우울한 날이 있지요.

Everybody has blue days.

자신이 하찮고 비참해지는 날

These are miserable days when you feel lousy,

심술도 나고

grumpy,

가눌 수 없이 외롭고

lonely,

완전히 맥 빠져서

and utterly exhausted.

몹시 보잘것없이 느껴지는 날

Days when you feel small and insignificant,

뭐든 손에 닿을 듯 말 듯 멀어서

when everything seems just out of reach.

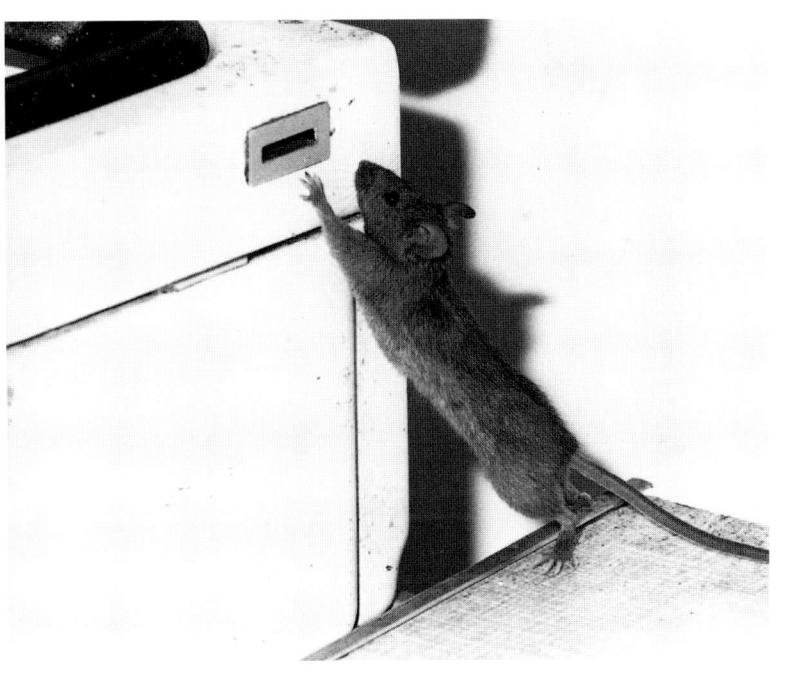

모처럼만의 기회도 놓치고 맙니다.

You can't rise to the occasion.

어떤 일을 시작하기도 힘들어

Just getting started seems impossible.

다들 나만 괴롭힌다는 망상까지 들고

On blue days you can become paranoid that everyone is out to get you.
(This is not always such a bad thing.)

욕구불만에 불안까지 쌓여

You feel frustrated and anxious,

손톱이나 물어뜯고

which can induce a nail-biting frenzy

열 받으면 순식간에
삼단 초콜릿 케이크를 먹어치우죠.

that can escalate into a triple-chocolate-mud-cake-eating frenzy
in a blink of an eye!

우울한 날, 하염없이 슬픔의 바다를 떠다닙니다.

On blue days you feel like you're floating in an ocean of sadness.

어느 순간 뜨거운 눈물이 흘러

You're about to burst into tears at any moment and you don't even know why.

홀로 정처 없이 헤매다

Ultimately, you feel like you're wandering through life without purpose.

더 이상 버틸 수조차 없으면

You're not sure how much longer you can hang on,

차라리 "누구든 날 좀 죽여줘!" 이렇게 외치고 싶어요.

and you feel like shouting, "Will someone please shoot me!"

우울한 날은 갑자기 밀려옵니다.

It doesn't take much to bring on a blue day.

아침에 본 얼굴은 한심하고

You might just wake up not feeling or looking your best,

주름은 새로 생긴 데다

find some new wrinkles,

몸무게는 늘어나

put on a little weight,

코에 난 커다란 뽀루지까지.

or get a huge pimple on your nose.

만날 이의 이름도 까마득히 잊고

You could forget your date's name

부끄러운 모습을 모두에게 들켜버리죠.

or have an embarrassing photograph published.

당신도 버려지고, 이혼당하고, 해고당할 수 있어요.

You might get dumped, divorced, or fired,

사람들 앞에서 바보가 되고

make a fool of yourself in public,

시답잖은 별명으로 웃음거리가 되고

be afflicted with a demeaning nickname,

떡이 진 머리칼에 시달리기도 하죠.

or just have a plain old bad-hair day.

어쩌면 지금 하는 일이 괴로울지 몰라요.

Maybe work is pain in the butt.

감당 못할 일로 지칠 대로 지친 데다

You're under major pressure to fill someone else's shoes,

직장 상사는 잡아먹을 듯 노려보고

your boss is picking on you,

모두가 나를 미치게 합니다.

and everyone in the office is driving you crazy.

깨질 듯한 두통에다

You might have a splitting headache,

디스크

or a slipped disk,

구취에

bad breath,

으휴, 치통까지

a toothache,

시도 때도 없이 방귀나 뀌고

chronic gas,

입술은 바싹바싹 타고

dry lips,

살 속으로 파고드는 발톱으로 고생할 수도 있어요.

or a nasty ingrown toenail.

어쨌든 하늘의 누군가가 날 싫어한다는 확신이 들고.

Whatever the reason, you're convinced that someone up there doesn't like you.

어떻게 해야 하지, 어떻게 해야……?

Oh what to do, what to dooo?

대부분 '어떻게든 되겠지' 하는
가녀린 희망의 가지에 숨고 싶겠죠.

Well, if you're like most people, you'll hide behind a flimsy belief that everything will sort itself out.

그리고 걱정만 하며 시간을 보냅니다.

Then you'll spend the rest of your life looking over your shoulder,
waiting for everything to go wrong all over again.

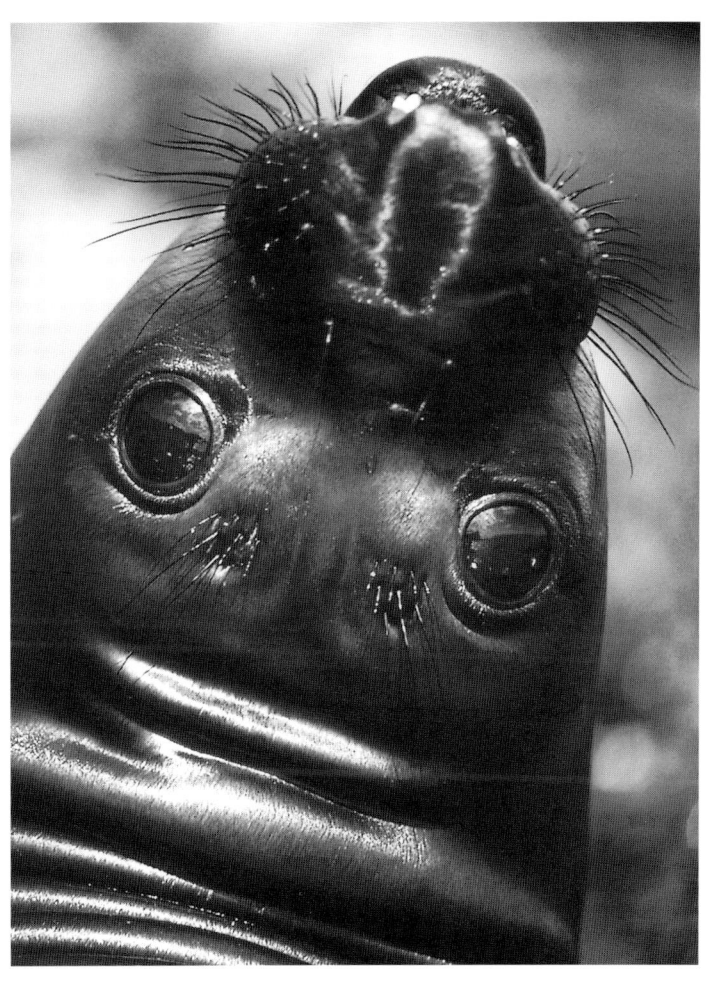

점점 더 심술궂고 냉소적이 되거나

All the while becoming crusty and cynical

아득한 슬픔에 실려 흐느끼지요.

or a pathetic, sniveling victim.

차라리 땅이 날 삼켜버렸으면······

Until you get so depressed that you lie down and beg the earth to swallow you up

더 심하면 빌리 조엘 노래에 중독되고 말죠.

or, even worse, become addicted to Billy Joel songs.

이건 다 미친 짓이에요. 왜냐하면 젊음은 단 한 번뿐이고,

This is crazy, because you're only young once

두 번의 기회는 없으니까요.

and you're never old twice.

누가 알아요? 저 골목만 돌면 멋진 세상이 펼쳐질지.

Who knows what fantastic things are in store just around the corner?

세상은 놀라운 발견들로 가득합니다.

After all, the world is full of amazing discoveries,

지금은 상상조차 못하는 것들

things you can't even imagine now.

향기롭고 행복한 냄새들

There are delicious, happy sniffs

함께 먹기에 맛 좋은 스낵

and scrumptious snacks to share.

아, 어쩌면 엄청난 부자가 될 수 있어요.

Hey, you might end up fabulously rich

어느 날 대단한 슈퍼스타가 될 수도 있고요.

or even become a huge superstar (one day).

어때요, 근사하지 않나요?

Sounds good, doesn't it?

하지만 기다려봐요. 아직 더 있어요.

But wait, there's more!

물구나무서기와

There are handstands

신나는 게임,

and games to play

요가와

and yoga

노래방에서

and karaoke

격렬하고 열정적인 보헤미안 댄스까지

and wild, crazy, bohemian dancing.

그래도 가장 좋은 건 역시 사랑이죠.

But best of all, there's romance.

꿈결같이 가 닿는 서로의 눈길

Which means long dreamy stares,

달콤한 사랑의 밀어

whispering sweet nothings,

포옹은 언제나 가슴 두근대죠.

cuddles,

깊게 빨려드는 키스

smooches,

열렬한 키스

more smooches,

좀 더 열렬한 키스,

and even more smooches,

그리고……

a frisky love bite or two,

모든 건 순조롭게 흘러가죠.

and then, well, anything goes.

어떻게 하면 뜨겁고 향기 가득한 욕조에 잠기듯이
행복감을 누릴까요?

So how can you find that blissful "just sliding
into a hot bubble bath" kind of feeling?

그건 쉽지요.

It's easy.

먼저 자신을 괴롭히는 모든 문제에 정면으로 맞서봐요.
더 이상 도망치지 말고

First, stop slinking away from all those nagging issues.
It's time to face the music.

자, 긴장을 풀고 아주 깊은 숨을 쉬세요.
가능하면 명상에 잠기고요.

Now, just relax. Take some deep breaths.
Try to meditate if you can.

아무 생각 없이 스치는 산책도 좋습니다.

Or go for a walk to clear your head.

언제까지고 문제를 끌어안고 고민만 할 순 없잖아요.

Accept the fact that you'll have to let go of some emotional baggage.

새로운 시선으로 사물을 바라보면 어떨까요.

Try seeing things from a different perspective.

어쩌면 잘못한 사람은 당신일 수 있어요.
그렇다면 미안하다고 말하는 큰사람이 되어봐요.
(아직 늦지 않았어요.)

Maybe you're actually the one at fault.
If that's the case, be big enough to say you're sorry.
(it's never too late to do this.)

만약 다른 사람 잘못이면, 당당히 말해요.
"그건 옳지 않아, 더 이상 참을 수 없어!"라고
이렇게 강력하게 말해도 괜찮아요.

If someone else is doing the wrong thing, stand up tall and say,
"That's not right and I won't stand for it!" It's okay to be forceful.

(하지만 비웃으며 코웃음 치진 말고.)

(It's rarely okay to blow raspberries.)

자신에 대한 자부심을 가져요.

Be proud of who you are,

웃는 여유도 잃지 말고요.

but don't lose the ability to laugh at yourself.

(낙천적이고 적극적인 사람들과 어울린다면
인생은 훨씬 쉬워질 겁니다.)

(This is a lot easier when you associate with positive people.)

하루하루가 생애의 마지막 날이라고 생각해봐요.
결국 그런 날이 올 거니까.

Live every day as if it were your last, because one day it will be.

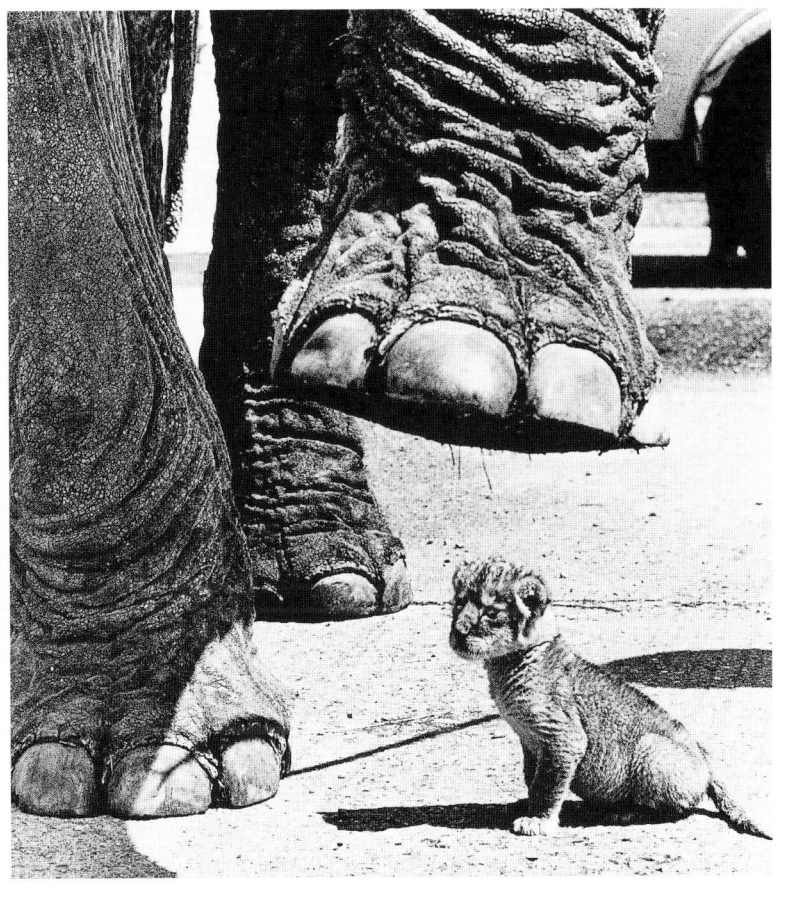

할 수 있다면 큰 꿈을 가져봐요.

Don't be afraid to bite off more than you can chew.

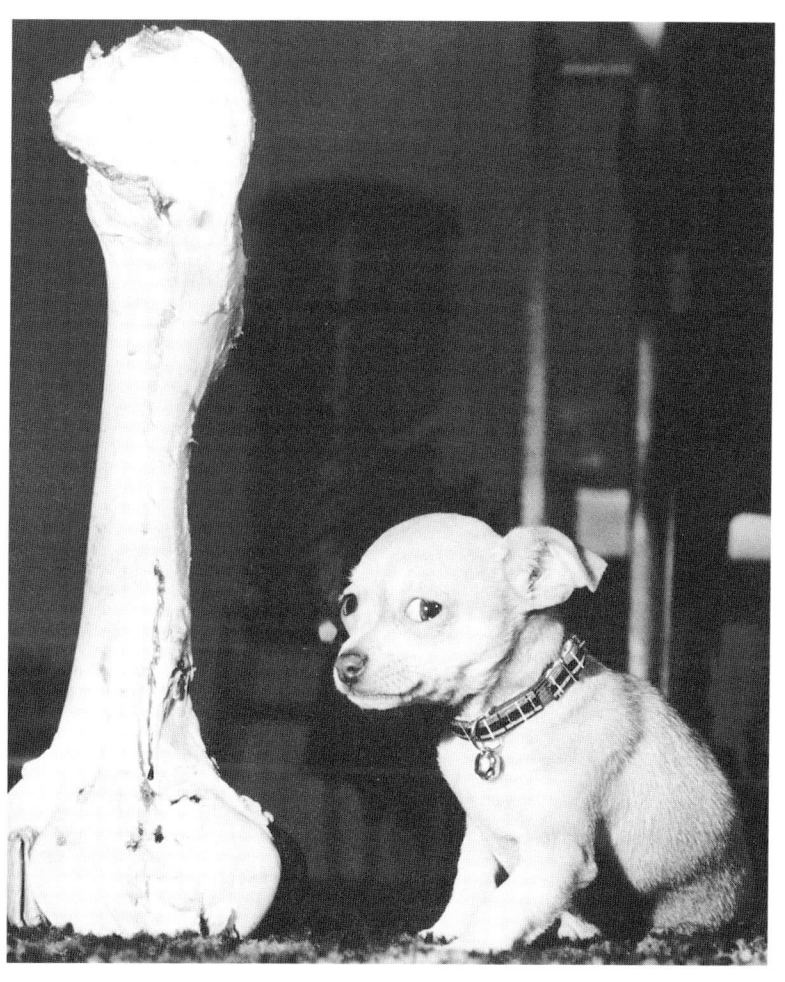

큰 위험도 각오해야 됩니다.

Take big risks.

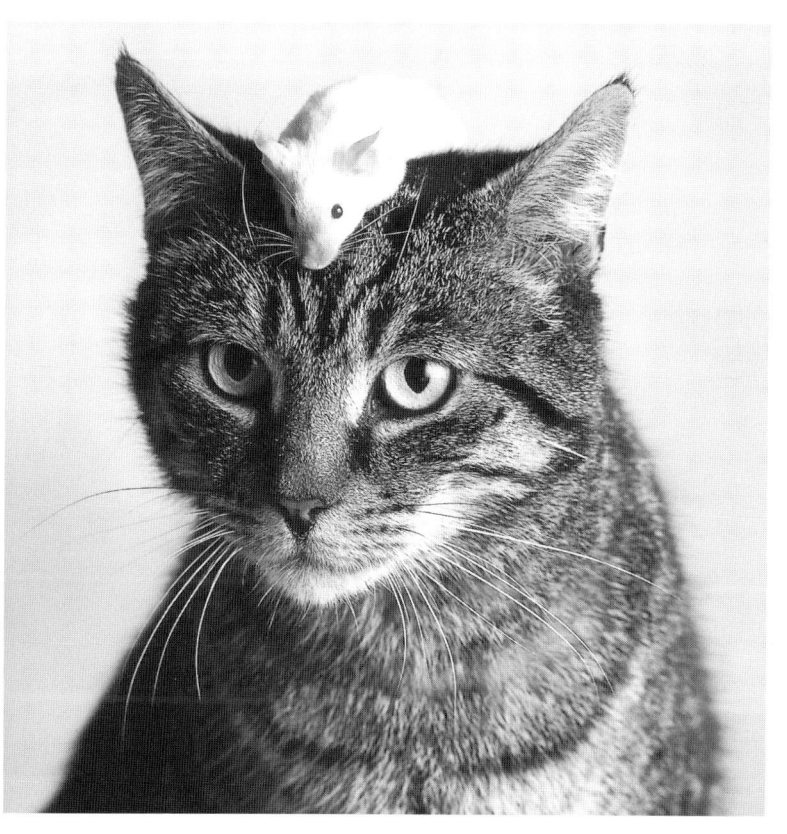

머뭇거리지 마세요. 담대하게 달려가세요.

Never hang back. Get out there and go for it.

결국 삶이란 이런 게 아닐까요?

After all, isn't that what life is all about?

나도 그렇게 생각해요.

I think so too.

THE BLUE DAY BOOK

누구에게나 우울한 날은 있다

25th Anniversary Edition

초판 1쇄 발행 2001년 5월 7일
개정 4판 1쇄 발행 2025년 11월 21일

지은이 브래들리 트레버 그리브
옮긴이 신현림

펴낸곳 (주)바다출판사
주소 서울시 서대문구 신촌로3길 15 6층
전화 02-322-3885(편집) 02-322-3575(마케팅)
팩스 02-322-3858
이메일 badabooks@daum.net
홈페이지 www.badabooks.co.kr

ISBN 979-11-6689-383-4 02840